ORPHELINAT AGRICOLE
DE MIGNIÈRES
(Eure-et-Loir.)

LA RICHESSE & LA PAUVRETÉ

LEUR ROLE SOCIAL

ET LE DEVOIR CHRÉTIEN

DISCOURS

Prononcé le 20 Mars 1898 dans l'Église Saint-Aignan de Chartres

Par M. l'abbé TISSIER

DIRECTEUR DE L'INSTITUTION NOTRE-DAME

CHARTRES
IMPRIMERIE GARNIER
—
1898

Une audition musicale a été donnée, le Dimanche 20 Mars 1898, au profit de l'Orphelinat agricole de Mignières, en l'Église Saint-Aignan de Chartres, gracieusement mise à la disposition du Comité par M. le Vicaire général BEAUCHET, curé de la paroisse, avec le concours de

Mlle BOURGEOIS,

MM. E. et G. DUMONTIER,

M. REYSSEN,

M. DURRIEU,

M. MARRÉ,

Et de plusieurs amateurs chartrains.

Un discours a été prononcé par M. l'abbé TISSIER, Directeur de l'Institution Notre-Dame.

La quête a été faite par MM^{mes} Pierre CABAUD, Maurice CHARPENTIER, la Vicomtesse DULONG DE ROSNAY, la Comtesse DU TEMPLE DE ROUGEMONT.

S. G. Mgr MOLLIEN, Évêque de Chartres, a donné le Salut.

ORPHELINAT AGRICOLE

DE MIGNIÈRES

(Eure-et-Loir.)

LA RICHESSE & LA PAUVRETÉ

LEUR ROLE SOCIAL

ET LE DEVOIR CHRÉTIEN

DISCOURS

Prononcé le 20 Mars 1898 dans l'Église Saint-Aignan de Chartres

Par M. l'abbé TISSIER

DIRECTEUR DE L'INSTITUTION NOTRE-DAME

CHARTRES

IMPRIMERIE GARNIER

1898

LA RICHESSE & LA PAUVRETÉ

LEUR ROLE SOCIAL

ET LE DEVOIR CHRÉTIEN

Monseigneur,

Mes Frères,

La charité chrétienne est aussi une artiste, qui vient ce soir élever la voix dans ce concert sacré, et solliciter de vous une bienveillante audition. Si puissants ou si suaves que soient les chants terrestres, elle a, elle, des accents qui tombent de plus haut, parce qu'elle est l'écho de la bonté divine, qui saisissent peut-être davantage et descendent plus profondément dans les âmes, parce que son murmure et sa prière ne sont pas seulement faits pour charmer les oreilles délicates, mais pour bercer doucement toute douleur humaine et couvrir de leur voix consolatrice chaque faiblesse qui pleure. Elle crée, à cause de cela, des harmonies inimitables que nulle puissance artistique et nulle force sociale ne sait égaler, réunissant en une même émotion, sous le charme étrange et divin de son nom et de son verbe, les hommes des plus extrèmes partis : ceux de la richesse et ceux de la pauvreté, ceux du passé et ceux de l'avenir, ceux du bien et ceux du mal.

Au seuil incertain de l'âge nouveau, c'est un difficile et terrible problème que cette union des classes, rompue par tout un siècle d'agitations politiques. Et pourtant la lassitude des combats s'appesantit sur les plus ardents, et, en dépit de quelques lutteurs néfastes, il y a partout comme un besoin impérieux d'apaisement et de fraternité, une irrésistible aspiration à la paix. Chacun de nous a lé devoir d'apporter son effort et son concours à ce concert universel des âmes, à cette réconciliation publique. On a cherché dans tous les systèmes philosophiques et dans toutes les utopies des économistes, le secret de rétablir, autant que le permet du moins l'infirmité humaine, cet accord parfait de la société, et après tant d'hésitations superbes et d'essais malheureux, notre orgueil est obligé d'en revenir humblement à la solution de l'Évangile qui est celle de la charité. La charité chrétienne est la vraie harmonie des peuples.

A regarder le monde, un grand et douloureux mystère s'y voit : principe de toutes les divisions, cause de toutes les révolutions sociales ; c'est le fait qui ne cesse point, malgré les progrès de notre civilisation, de la pauvreté et de la douleur. Qu'on accuse tant qu'on voudra l'incurie, l'imprévoyance des pauvres et leurs défauts de toute sorte, la destinée, il faut l'avouer, est pour eux parfois bien rude et bien implacable, et ne semble-t-il pas que la Providence s'endorme sur leur détresse ? Car enfin, pourquoi à côté de nous ces hommes, vaillants quelquefois, qui portent d'une âme résignée souvent, le poids, lourd à les écraser, de la peine et de la faim ? Pourquoi ces femmes qui n'ont ni pain ni abri ? Pourquoi ces enfants qui pleurent dans l'abandon, alors que les nids soyeux et chauds abritent la couvée ? Pourquoi ces orphelins, « objets d'éternelle pitié parmi les hommes et dont le nom exprime une chose si faible et si souffreteuse qu'il semble à lui seul être une plainte ? »

C'est le signe sans doute d'une main toute puissante de savoir faire concourir à l'harmonie d'un même chef-d'œuvre les bassesses et les grandeurs, les profondeurs et les cimes. Et quand Dieu a créé l'univers, il semble s'être plu à montrer la magnificence de sa fécondité en multipliant dans la nature les contrastes. Il a caché sous la mousse la petite source des grands fleuves, et fait tomber au grain de sable du bord les flots tourmentés de l'océan. Il a étendu l'humble vallée au pied des hautes montagnes. Il a planté l'herbe qui frissonne un jour près du chêne séculaire. Il a fait l'aigle et le roitelet concitoyens heureux du même ciel. Dans un ordre supérieur, il a élevé des génies au-dessus de la médiocrité des intelligences vulgaires ; il a placé de grands cœurs sous d'humbles toits. Les uns sont nés pour le commandement ; les autres pour la dépendance d'une condition obscure. Et nul n'a le droit de se plaindre, parce que tous ont un bonheur mesuré à la capacité de leur être.

Mais si l'homme peut être limité par le Créateur dans ses joies, dans sa force, comment un Dieu sage et bon peut-il le faire malheureux, et que répondre à ce pourquoi formidable que soulève la souffrance jusque devant lui ? Ah ! soupçonnez-vous un artiste tel que Dieu d'avoir produit une œuvre à rebours comme l'homme pauvre, et d'avoir ainsi jeté sur terre une création martyrisée ? Non, si l'homme souffre, c'est qu'il est châtié ; s'il ploie sous le malheur, c'est qu'il a été coupable ; si la foudre le ravage et les vents de la tempête le brisent, c'est qu'il les a déchaînés. La pauvreté est l'expiation du péché ! Comprenez le mystère, mes frères, mystère de miséricorde et de justice.

Le péché qui est indéniable a été d'abord une jouissance personnelle, illégitime de l'homme. Comme on ne détruit ordinairement une chose que par son contraire, l'expiation sera nécessairement une souffrance outre mesure, exceptionnelle et en dehors du plan primitif de la Providence. Si l'infortune frappe à nos portes, pécheurs que nous sommes, s'il y a dans notre vie tant d'amitiés dévastées, tant de ruines et tant de larmes, n'en accusons pas le ciel ; remercions-le plutôt de nous laisser un moyen de nous sauver encore, après que nos fautes semblaient avoir tout perdu.

Mais nos expiations individuelles ne réparent que pour nous. Et comme l'homme vit en société et que les sociétés, elles aussi, pèchent, puisque trop souvent les droits de Dieu y sont injurieusement méconnus, puisqu'on y ébranle quelquefois avec un sanglant mépris les bases séculaires des choses les plus saintes, puisqu'on y étouffe, à certaines heures de l'histoire, la liberté, puisqu'on y persécute la vertu, il faut des expiations nationales. « Ce sont, dit Lacordaire, les grands coups qui frappent les peuples, qui de l'indépendance les précipitent dans la servitude et après en avoir fait les délices de la prospérité, en font un opprobre et comme un jouet. » Ne savez-vous pas que si l'on veut à tout à prix se retirer de Dieu, Dieu même à la fin s'en va, nous laissant à notre isolement, et tout pays, quand il s'appellerait la France, dès qu'il renie Dieu et sa mission, peut comme les autres, hélas ! tomber aux abîmes d'où ne se sont pas relevées tant de nations déchues.

Mais le genre humain lui-même ayant été criminel dans sa source, et l'arbre du mal ayant puisé au péché du premier homme une sève de corruption qui ne tarira qu'au dernier jour du monde, il faut aussi à l'humanité son expiation permanente : c'est la pauvreté; la pauvreté, qui expie par la faim, par le froid, par la nudité, la concupiscence de la chair ; la pauvreté, qui en dépouillant l'homme de tout bien et en faisant le vide autour de lui, enlève à la concupiscence même des yeux sa matière ; la pauvreté qui abat si bien l'orgueil de la vie, elle qui sait, seule, réduire l'homme à tendre la main et à dépendre pour un peu de pain de la richesse d'autrui. De telle sorte, mes frères, que quand le Fils dé Dieu descendit du ciel pour offrir à son Père la grande expiation rédemptrice et pour montrer aux hommes le remède du péché, il n'a rien trouvé de plus efficace que les humiliations d'une vie pauvre et les souffrances d'une mort obscure.

La pauvreté est si bien le chemin qui ramène à Dieu que le Sauveur va jusqu'à dire que les pauvres sont ses membres de choix, les dignitaires de sa couronne, d'autres lui-même. Alors, ainsi relevée par ces fiançailles divines, la pauvreté ne porte plus du moins l'opprobre au front, mais la céleste auréole et le diadème chrétien de la douleur. Ce n'est plus un désastre social ; c'est le plus sacré ministère. Les pauvres continuent avec Jésus-Christ la Rédemption du monde. Et s'il faut à l'humanité une certaine somme de privations et de peines, ce vieillard qui mendie, cette femme qui pleure, ces orphelins qui ont faim, offrent à toute heure un sacrifice dont les mérites retombent sur nous. Ils acquittent notre dette; ils sont nos remplaçants dans le service social de l'expiation, comme le prêtre l'est dans le service des autels et le soldat dans le service de la patrie.

Mais, mes frères, tout service public crée entre ceux qui le reçoivent et ceux qui le rendent des liens de solidarité, qui enchaînent l'homme à l'homme et les classes aux classes. On ne peut pas payer les services publics ce qu'ils valent, pas plus qu'on ne doit les vendre. Mais il faut les reconnaître et en alléger les charges dans la mesure de son pouvoir. Voilà pourquoi, vous avez, vous riches, l'étroite obligation de faire l'aumône aux pauvres et de les aider de vos biens dans l'accomplissement de leur mission rédemptrice. C'est votre façon d'expier, et l'aumône est, comme la pauvreté chrétienne, une fonction divine. Dieu refait ainsi, toujours fidèle à sa grande loi du gouvernement des choses, une incomparable harmonie de cette confusion humaine où tant de dissonances semblent s'accuser. Comme il se cache sous le soleil et la rosée pour faire épanouir les fleurs et mûrir les fruits, comme il se dérobe sous les brises douces et les pluies fraîches dont l'influence éveille et dore les moissons, par une libre élection qui demeure un mystère, il donne à quelques-uns, chargés de représenter ici-bas sa Providence, en vertu de ce mandat spécial de sa confiance en eux, des richesses qui peuvent et doivent suffire au pain de tous, revêtant lui-même à son passage en terre le vêtement de la douleur pour inspirer la pitié à ceux qui possèdent, et renouvelant ainsi à chaque heure cette vertu fondamentale de toute société, qui ne doit pas être qu'un mot glacé, inscrit sur les murailles publiques, ni qu'une vaine clameur, mourante avec les échos de nos fanfares, la fraternité chrétienne, la vraie, la libre et sainte fraternité.

Ah ! je ne m'étonne plus, à la lumière de cette doctrine, que les pauvres aient été aimés, honorés, servis comme des princes dans l'Église, que leurs besoins aient suscité tant d'œuvres généreuses et que la charité chrétienne ait élevé des hôtels à leur douleur, puisque leur service est un service divin. Je ne m'étonne plus que le pauvre, sentant sur ses épaules le manteau royal du malheur, porté par son Christ avant lui, et voyant le ciel grand ouvert au bout de sa souffrance, se résigne à subir sans murmure une obscure destinée, qui, loin de l'avilir, lui confère, au milieu de ses frères plus heureux, une dignité surnaturelle et lui concilie, avec la certitude des réparations éternelles, sinon toutes les consolations possibles, au moins toutes les sympathies publiques.

Mais dans une nation, dans une cité, faire le riche compatissant et le pauvre résigné, n'est-ce pas presque tout l'idéal réalisable d'une société humaine ?

Pour la rendre meilleure, vous tenterez en dehors de ce dogme chrétien, qui se prête comme les autres doctrines aux réglementations économiques des politiques et des sages, tous les systèmes qu'il vous plaira ; vous aurez beau inventer des syndicats, des associations, des secours mutuels de toute sorte, créer des lois de protection, multiplier les sociétés coopératives, perfectionner les industries commerciales, assembler des congrès et des parlements, au lieu de vous souvenir des devoirs de tous, invoquer les droits de la pauvreté, le droit à l'assistance, le droit au travail, le droit à l'instruction, le droit au bonheur... Si vous ne gardez pas Dieu, si vous laïcisez la charité, votre philanthropie conservera sans doute des reflets de la vision évangélique et des impulsions chrétiennes qui l'animeront encore, parce qu'on n'a pas recueilli l'héritage de 18 siècles de christianisme, sans demeurer malgré soi chrétien par quelque côté de son âme ; mais, en dépouillant le pauvre de son auréole divine, vous l'abaisserez fatalement à un état d'humiliation où vous aurez difficilement le courage de le servir dans ses bassesses humaines, et peu à peu vous verrez s'élever, sur les ruines du dévouement chrétien, des individualités absorbantes et oppressives, dont l'égoïsme appelle tôt ou tard les représailles et prépare sûrement les divisions populaires.

La charité qui n'est pas foncièrement chrétienne est marquée d'un triple caractère d'impuissance finale : elle est étroite, elle est courte, elle est superficielle. Voulez-vous savoir ce qu'on aime, quand Dieu ne gouverne pas la charité ? On a les émotions physiques du malheur. On aime le vent qui souffle le soir dans la cabane du pauvre, et le chant plaintif de l'orphelin qui passe. Ne prenons pas la mélancolie ou la poésie de nos sentiments pour la charité. On aime ceux qui ont des pensées comme ses pensées, des projets comme ses projets, des haines comme ses haines. Mais l'humanité sous tous les vêtements, dans toutes les conditions, avec toutes les opinions, on ne saurait l'aimer. On veut aimer sans peine ; on aime tant que n'est pas venue l'épreuve, tant que la reconnaissance flatte publiquement l'amour-propre et paie d'une vaine gloire les petits services qu'on rend. Mais rencontre-t-on la malice des hommes sur le chemin du dévouement, ou rentre vite désenchanté dans son égoïsme. Seule la charité qui a Dieu pour principe est infinie comme lui.

Et, mes frères, le pauvre, lui, sous un ciel dépeuplé, comment voulez-vous qu'il consente à souffrir ? Des doctrines de négation lui ont enlevé sa foi, et on ne cesse de lui répéter que l'homme fait la vérité de ce qu'il croit, et la beauté de ce qu'il aime. On lui enseigne que le mal n'est pas dans l'homme, mais dans la société, dans l'État. On le mure sur cette terre si âpre, sans horizons divins, sans échappée vers l'au-delà, avec la promesse menteuse d'une émancipation impossible ; et au lieu de lui dire : Espère, les mille voix d'une presse malsaine lui crient tous les jours : Tu peux, tu dois, tu vas jouir. Vous croyez que cela suffit à le moraliser ! On ne l'élève pas ainsi, on le soulève. Alors, tandis qu'il continue de travailler et qu'il souffre, il regarde autour de lui le cadre éblouissant qui entoure son existence vouée à toujours peiner : il entend le bruit, insolent pour sa détresse, des fêtes du monde ; il compare son dénuement au luxe orgueilleux, l'amertume de sa destinée à cette joie de vivre qui s'exhale partout dans une ivresse naïve, et il se dit : Puisque j'ai droit au bonheur, il serait plus simple aussi pour moi de jouir même sans travail ; puisque le mal n'est pas en moi, mais dans la société, il faut s'en prendre à elle, et je déclare la guerre à qui m'opprime ou seulement me gêne.

C'est ce qui fait, mes frères, qu'au sein de notre société déchristianisée, l'ouvrier sans religion, toujours prêt aux revendications brutales, devient l'instrument de guerre de toute main audacieuse ; et que, des masses profondes de la nation qui travaille, on entend sans cesse monter la fermentation maladive d'une foule inquiète, et que l'on voit à certaines heures planer sur elle une sombre poésie de révolte qui menace aujourd'hui l'aristocratie du bien-être comme autrefois celle du sang.

O raisonneurs sublimes, politiques éloquents qui l'avez menée là, que lui direz-vous, si elle est vaincue, et que deviendrons-nous, si la victoire lui reste? Qu'allez-vous lui montrer, à la place de l'image divine, dont les pleurs unis à ses larmes la consolaient et en qui elle reconnaissait, apaisée et confiante, un divin frère d'opprobres et un rédempteur assuré? Il n'y a qu'un remède, qu'un signe, un seul remède, un vrai signe de paix sociale, mes frères, c'est la Croix du Christ. Le 24 février 1848, le peuple avait envahi les Tuileries. Dans la chapelle du château, quelques hommes aperçurent un grand crucifix d'ivoire et le détachèrent avec respect de la muraille où il était suspendu. Un élève de l'école polytechnique le prit dans ses mains, et suivi d'une foule nombreuse, il arriva jusque sur les marches de l'église Saint-Roch. Alors ce jeune homme, qui représentait dans sa personne la triple majesté de la science, de la patrie et de la religion, se retourna vers la multitude et lui jeta cette noble parole : « Inclinez-vous, Messieurs, voici notre maître à tous. »

Et trois jours après, Lacordaire rappelant à Notre-Dame ce triomphe de la Croix sur un peuple enivré de sa force, qui venait de renverser plusieurs générations de rois, poussait ce cri d'éloquence toujours vrai : « O Dieu juste et saint, par cette croix de votre Fils que leurs mains ont portée du palais profané des rois, au palais sans tache de votre Épouse, veillez sur nous, protégez-nous, éclairez-nous, et prouvez au monde une fois de plus qu'un peuple qui la respecte est un peuple sauvé. » Tant que vous ne l'aurez pas remise, avec ses grands principes de devoir et de dévouement chrétien, avec ses enseignements surnaturels tout entiers, dans le cœur et dans la vie de ceux qui possèdent et de ceux qui travaillent, vous aurez des trèves peut-être au mal social, que les fusils imposeront à défaut des lois, mais vous n'aurez rien changé à la sourde agitation des âmes, rien établi d'efficace et de définitif.

Pratiquement, que tenter en face de ces inquiétudes et de ces douleurs de la société actuelle? Pour guérir ce malaise public, pour panser ces plaies profondes, pour combler les abîmes qui séparent les classes, que faire, chacun dans la sphère, humble ou large, où la Providence a placé notre vie?

Le dire spécialement à tous est impossible, tant les situations sont diverses et les moyens variés. Mais l'important, c'est que nous soyons universellement convaincus de la nécessité pressante de faire au moins quelque chose, d'apporter à l'œuvre commune notre effort actif et personnel, le persévérant effort qui donne sa poussée et son élan. Il n'aime pas son pays, celui qui se contente, commodément assis sur le bord de la route si malaisée de la vie, de regarder en bourgeois et de critiquer en dilettante à la fois ceux qui restent en arrière et ceux qui marchent et essayent courageusement d'entraîner les autres. Dieu, non plus, vous ne l'aimez pas, si dans le péril actuel de la société, possédant, vous, la vérité chrétienne et la fortune qui transfigurent la vie, vous n'en faites rien pour les autres, si vous les gardez comme des richesses égoïstes qui suffisent à vous sauver. Vous n'avez pas le droit de demeurer dans vos aises, dans votre facile religion, dans vos petits plaisirs et vos médiocres bonheurs, tranquilles arrivés, radieux et placides possesseurs d'une doctrine muette et d'une fortune inféconde.

Ne nous dites pas non plus, car c'est une objection qui vient aux meilleures volontés, que votre humble vie n'a pas d'influence, votre pauvre avoir qu'une petite portée, et qu'ainsi vous ne pouvez rien faire, et qu'au reste les plaies sociales vous apparaissent si nombreuses que vous ne savez lesquelles d'abord panser... Etes-vous donc obligés de tout guérir, et devez-vous voir nécessairement le succès de vos modestes efforts... Vous avez bien autour de vous des relations et des douleurs en qui vous pouvez toujours déposer l'obscure semence de la résurrection attendue: Qu'importe le peu ? Le monde devient meilleur par le seul fait que vous jetez dans la mêlée des choses un élément de bien.

L'œuvre de l'orphelinat de Mignières, que je suis chargé de vous recommander très particulièrement ce soir, est une de ces mille industries que la charité enfante tous les jours pour hâter l'heure de la restauration chrétienne et de la réconciliation publique. Il y a là, mes frères, un touchant appel à votre zèle et un objet tout proche à votre action. Je n'ai pas à vous en faire connaître longuement le but; n'en savez-vous pas l'histoire modeste, mais déjà féconde ? Fondé par l'initiative hardie d'un humble curé, rattaché ensuite à la Société centrale des Orphelinats agricoles de France, admirablement administré aujourd'hui par les sœurs franciscaines du Méplier, l'orphelinat de Mignières compte présentement 70 lits, toujours occupés, et attribués de préférence à des enfants d'Eure-et-Loir. Il attend vos largesses pour augmenter le nombre de ses admissions gratuites, pour achever ses constructions et pour ajouter à l'enseignement élémentaire chrétien qu'il donne, un enseignement professionnel pratique qui réponde davantage à l'esprit de son fondateur et aux vœux du comité d'administration, et aussi, pour sa petite part, aux besoins les plus pressants de cette heure de crise religieuse et j'ajouterai de crise agricole.

A ce double point de vue, laissez-moi vous dire que c'est une œuvre locale, intéressante au premier chef, comme toutes celles qui s'occupent de la jeunesse du peuple, et parce qu'elle est sous nos yeux, ainsi que vous l'allez voir, une application pratique de la grande doctrine que je viens de vous exposer, à savoir : la charité d'une éducation chrétienne et la charité d'une profession utile, pour une faiblesse qui mérite toutes nos sympathies.

Il n'y a rien d'abord, dans la charité, de plus évangélique que l'amour et le soin des enfants. Sans doute le Christ s'est ému, aux jours de sa vie, sur tous les malheurs. Il s'en va dans l'Évangile, divin semeur d'idées et de bienfaits, répandant la vérité et la charité sous ses pas, partout où se trouve une âme ignorante et meurtrie, le long des chemins, à la table des riches, au festin de ses amis, au bord des lacs, sur les montagnes et sur les flots. Mais j'ose dire, pour l'encouragement de vos efforts dans l'œuvre qui nous rassemble ce soir, qu'il eut pourtant les préférés de sa tendresse : ce sont les enfants. Dieu a toujours aimé passionnément les prémices, et s'il se plaît quelquefois à restaurer des ruines, pour en faire de tardifs asiles à sa gloire, combien mieux il se trouve dans les âmes jeunes qui n'ont jamais eu d'autres hôtes que lui ! Et, mes frères, aujourd'hui, s'il est une classe du peuple qui appelle notre spéciale charité et sollicite notre actif concours, ne sont-ce pas encore ceux que Jésus a le plus aimés ? Le champ de bataille est là. L'enjeu de l'avenir, ce n'est pas ceci et cela, bonnes œuvres sans doute, mais dont le triomphe n'assure aucune victoire, aucune conquête L'enjeu nécessaire et décisif, c'est la jeunesse. Dans ving tans, les hommes d'aujourd'hui seront dispersés ou ne seront plus. Mais les enfants seront des hommes et nos destinées chrétiennes deviendront ce qu'ils sauront les faire, et ce que nous, chrétiens et chrétiennes d'aujourd'hui, nous les aurons faites aussi par l'éducation.

Jusque-là, malgré tant de choses détruites, c'était demeuré un principe pédagogique universel que l'enfance était faite pour Dieu et qu'il fallait, avant toute chose, lui donner la vérité religieuse. On laissait aux passions humaines et aux libres réflexions de l'âge mûr le soin de renverser Jésus-Christ des âmes où l'avaient placé les premières adorations. Mais enfin on a décrété comme une conquête de la liberté, ce que les païens n'avaient ni entrepris ni conçu. On a ravi officiellement Jésus-Christ, puis Dieu lui-même, à l'enfance du peuple. Je sais bien qu'ils ont mis des mots superbes pour remplacer le divin Maître des âmes : l'honneur, la dignité personnelle, la conscience morale, l'éducation nationale, tout ce que vous voudrez de ces grands noms qu'ils inventent. Mais tout cela sonne comme un glas, quand on a enseveli les idées religieuses ; et toutes ces belles choses, sans Dieu qui les consacre, la vérité, le devoir, la patrie, la famille, qui sont comme son rayonnement parmi les hommes, tout cela n'a plus aucun sens, aucune autorité, aucune sanction.

Oui, je sais que, dans toutes les écoles, le sacrifice, le dévouement, la résignation s'enseignent encore ; c'est le but de la plus simple éducation, et nous ne sommes pas des barbares. Mais laissez Dieu de côté, où est l'efficace modèle, qui provoque sans défaillance l'imitation de ces vertus, qui, pour vulgaires qu'elles soient, exigent une énergie constante et surhumaine ? Sans doute on demande partout encore aux enfants l'obéissance. Mais si vous ôtez Dieu, au nom de qui se soumettre ? Ni la paternité ni la loi ne suffisent au commandement, sans la violence, quand Dieu ne leur ajoute pas la mystérieuse autorité de son nom et de sa puissance.

Sans doute on enseigne partout aux enfants le respect, qui est la vertu par excellence domestique et sociale. Mais lorsqu'on a découronné le père, la mère, le législateur et le juge, de leur caractère divin, que demeurent-ils sans le signe céleste, et qui peut m'imposer le respect, si je ne sens plus rien d'infini au-dessus de celui qui me le demande ? Le respect, c'est le fils de l'adoration. Lorsque le culte divin n'est plus rien au cœur de l'homme, on l'a lui-même abaissé et descendu jusqu'au mépris. Regardez donc ce qui est arrivé dans notre société athée. Le rire, qui est le signe supérieur et distinctif de l'homme pourtant, au lieu de rester sur les lèvres humaines un rayon divin de respectueuse joie, s'est changé partout en ricanement d'indépendance et d'envie. Il monte en sarcasme jusqu'aux cimes autrefois les plus sacrées. Il y a, comme le rire de Dieu, le rire de l'autorité, le rire du devoir, le rire de la famille, le rire de l'amour, le rire même du malheur. Plus rien aujourd'hui n'échappe à cette déchéance universelle du respect. Une littérature de mépris vilipende tous les jours et traîne dans la boue les institutions et les hommes les plus dignes d'hommages. On appelle bien cela l'anarchie : ce qui veut dire sans chef. Oui, la déchéance du respect, c'est comme une décapitation de la société. Et vous croyez que c'est une ascension vers les vertus supérieures que cette montée insolente des sourires sceptiques ! Le rire, c'est une chose qui a la force de détruire, mais qui ne peut rien édifier ; tandis que le respect, c'est l'ouvrier des demeures séculaires, des vertus généreuses et des sociétés puissantes ; car les peuples, comme les hommes, n'ont de valeur que par la sublimité de leurs pensées, et par l'empreinte que font fatalement en eux les spectacles élevés qu'ils regardent et la grandeur des choses qu'ils honorent.

Aussi, mes frères, saluons de nos unanimes hommages, et soutenons de nos communs efforts toute œuvre de bien qui demeure une école de respect, parce que, mieux qu'une armée même et qu'une loi, c'est une sûre sauvegarde de la patrie.

Il semble que ce soit bien peu pour la régénération sociale et la cause de la paix, qu'un orphelinat chrétien. Mais, du moins, les enfants qui en sortiront auront chance de ne pas accroître dans nos cités cette jeunesse misérable, qui s'est fait un cachet

de mépris qui la flétrit avant l'âge, qui se croit dans le progrès
pourtant parce qu'elle ose porter une main effrontée sur toute autorité qui cherche à la conduire, cette jeunesse gouailleuse et im-
puissante qui ne produit que des œuvres avortées comme tout ce
qui naît sur les débris.

A l'heure actuelle, un vent malsain d'indépendance précoce
arrache de nos campagnes la génération naissante et la pousse de
plus en plus aux frivoles plaisirs, aux plus faciles jouissances,
aux emplois précaires, au lucre incertain de la cité. L'orgueil, qui
a tué le respect, ne s'accommode plus du labeur ingrat de la terre
qui tient toute une vie durement courbée sur le sillon ; et c'est
aujourd'hui, on vous le disait naguère dans une autre enceinte
avec éloquence, comme une furie aveugle d'abandonner la charrue
du laboureur pour l'outil de l'artisan ou la plume du fonctionnaire.
L'orphelinat agricole gardera du moins dans nos champs, où s'é-
lèvent les races fortes et saines, quelques vies humbles et contentes,
pour y perpétuer les saintes traditions du sacrifice, l'amour du
devoir obscur, la passion du travail et le respect du bien, toutes
ces vertus modestes qui croissent en silence comme les blés sur
la glèbe et qui finissent par emplir la plaine d'une moisson d'épis
d'or. Là, dans le travail quotidien, les mains s'élargissent
comme le cœur ; mais c'est dans ces mains robustes que repose
la vraie force d'un peuple, et dans ces cœurs agrestes que circule
le sang de la patrie. Là, devant les vastes horizons du ciel, point
de ces âmes, emmurées dans la médiocrité de leurs petites am-
bitions, point de ces esprits sombres qu'aucun soleil n'ouvre et
qu'aucun printemps ne parfume. Au libre air des champs souffle
une brise de paix qui tempère les âmes et les élève au-dessus de
nos agitations. Les moissons, aux jours d'été, ont bien leur
vagues d'épis, comme les flots d'une mer, mais d'une mer sans
orage qui berce l'espérance et qui n'engloutit pas.

C'est ainsi une œuvre religieuse et patriotique, une œuvre
d'union et d'apaisement, que je recommande à votre charité, en
sollicitant vos généreuses offrandes pour cet orphelinat agricole
de Mignières où germent humblement toutes les vertus qui font
les hommes meilleurs et les peuples plus forts.

Je me tourne, en finissant, plus spécialement vers vous, Mesdames, qui pouvez tant partout pour le bien. Les femmes ont le grand charme et le don exquis d'être créées et d'agir, de se dépenser, sans qu'on s'en aperçoive, pour les autres. Souvent, dans vos vagues désirs du bien, qui vous sont un danger, et dans vos rêves de chrétiennes généreuses, vous vous demandez, jeunes filles, jeunes mères, comment remercier Dieu qui vous a faites heureuses, ou bien comment vous consoler des douleurs qu'il creuse en vous, quand elles vous atteignent, si profondes. Eh bien! levez autour de vous les yeux. Il y a des âmes, des âmes aimées de Dieu, des âmes qui l'ignorent, des enfants dans le pêle-mêle de vos faubourgs et dans l'abandon de vos villages, des orphelins qui se dressent comme le macédonien des ruines de Troie et qui vous disent comme à l'Apôtre : « Passe et viens à nous. » Oui, quitte un peu de tes fêtes, de tes parures et de ta fortune ; viens et conduis-nous à Dieu. Nous ne sommes pas dignes de tes soins peut-être dans notre obscure indigence. Mais pourtant nous avons une âme aussi, une âme inquiète, une âme avide de vérité, une âme insatiable et capable du bien, et, dans nos regards ouverts, comme dans les tiens, nous portons l'immensité des cieux.

Ah! Mesdames, sauver des âmes qui seraient perdues sans vous! Se dévouer pour elles! Mettre en ces jeunes âmes comme un flambeau qui guidera leur vie, la vérité divine! Déposer dans ces cœurs qui s'ouvrent à tout espoir et à toute vertu, les notions saintes de la souffrance et du devoir. Faire vibrer en eux ces sentiments religieux, si profonds et si forts, qui transforment l'humanité! Surnaturaliser ces âmes en qui germent toutes les faiblesses et qui sont propres à toutes les résurrections! En faire des hommes vaillants, des citoyens utiles, des défenseurs et des nourriciers de la patrie, des chrétiens convaincus, des élus de l'au-delà! Il n'est pas sur la terre de ministère plus voisin de la divinité, ni de plus beau devoir social.

ORPHELINAT AGRICOLE
De MIGNIÈRES (Eure-et-Loir).

L'Orphelinat de Mignières a été fondé en 1888 par M. l'abbé Cintrat, qui consacra sa vie à cette œuvre et mourut à la peine.

Son dernier acte avait été de rattacher l'œuvre à la Société centrale des Orphelinats Agricoles de France.

Fort de cet appui, l'Orphelinat de Mignières, admirablement dirigé par les sœurs Franciscaines du Méplier, a pris un nouveau développement et, l'an dernier, grâce à un don magnifique, il pouvait doubler ses constructions.

Il compte aujourd'hui 70 lits, toujours occupés, et attribués de préférence à des orphelins d'Eure-et-Loir.

Malheureusement, les ressources de l'œuvre ne permettent de recevoir gratuitement les enfants qu'à titre exceptionnel; la plupart doivent payer une pension de 200 fr. qui, d'ailleurs, est souvent acquittée par des bienfaiteurs ou des Sociétés charitables.

D'autre part, les bâtiments agricoles joints à l'établissement sont insuffisants, ou menacent ruine ; par suite, on n'a pu jusqu'ici donner aux enfants une éducation aussi professionnelle qu'on l'eût désiré.

C'est dans ce double but, augmenter le nombre des admissions gratuites, développer le côté agricole pratique de l'Instruction, que le Comité de l'Orphelinat de Mignières fait appel à tous ceux qu'intéressent l'éducation chrétienne de l'enfance et l'Agriculture.

www.ingramcontent.com/pod-product-compliance
Lightning Source LLC
LaVergne TN
LVHW011502170726
843501LV00009B/3551